BEI GRIN MACHT SICH IHR WISSEN BEZAHLT

- Wir veröffentlichen Ihre Hausarbeit,
  Bachelor- und Masterarbeit

- Ihr eigenes eBook und Buch -
  weltweit in allen wichtigen Shops

- Verdienen Sie an jedem Verkauf

Jetzt bei www.GRIN.com hochladen
und kostenlos publizieren

Anonym

Vervollständigen einer Präsentation durch Folienübergänge und Effekte

Eine Informatikstunde für die Klassenstufe 7

GRIN Verlag

Bibliografische Information der Deutschen Nationalbibliothek:

Die Deutsche Bibliothek verzeichnet diese Publikation in der Deutschen National-
bibliografie; detaillierte bibliografische Daten sind im Internet über http://dnb.d-
nb.de/ abrufbar.

Impressum:

Copyright © 2010 GRIN Verlag GmbH
Druck und Bindung: Books on Demand GmbH, Norderstedt Germany
ISBN: 978-3-640-80738-3

Dieses Buch bei GRIN:

http://www.grin.com/de/e-book/164405/vervollstaendigen-einer-praesentation-
durch-folienuebergaenge-und-effekte

GRIN - Your knowledge has value

Der GRIN Verlag publiziert seit 1998 wissenschaftliche Arbeiten von Studenten, Hochschullehrern und anderen Akademikern als eBook und gedrucktes Buch. Die Verlagswebsite www.grin.com ist die ideale Plattform zur Veröffentlichung von Hausarbeiten, Abschlussarbeiten, wissenschaftlichen Aufsätzen, Dissertationen und Fachbüchern.

Besuchen Sie uns im Internet:

http://www.grin.com/

http://www.facebook.com/grincom

http://www.twitter.com/grin_com

Unterrichtsentwurf zum Unterrichtsbesuch
im Fach Informatik

Thema

der Unterrichtseinheit PowerPoint

Thema der Stunde Vervollständigen einer Präsentation durch
Folienübergänge und Effekte

Unterrichtsort

Datum

Uhrzeit

Klasse

Unterrichtsraum

Ausbilderin:
Mentor:

Inhalt

1 Analyse der Lehr- und Lernbedingungen

1.1 Angaben zur Lerngruppe

Die WPU-Klasse ████ der Realschule umfasst 16 Schülerinnen und Schüler. Der Kurs wurde zu Beginn dieses Schuljahres aus vier verschiedenen Gruppen neu gebildet. Vier Schüler der Klasse haben einen Migrationshintergrund, sie sprechen gut Deutsch und haben keine Kommunikationsprobleme. Obwohl die WPU-Klasse eine neu entstandene Gruppe ist, sind alle Schülerinnen und Schüler tolerant und höflich zueinander.

Alle Schülerinnen und Schüler sind mit der Arbeit am Computer vertraut und haben die Möglichkeit, das Gelernte zu Hause zu wiederholen. Da es sich um einen Wahlpflichtunterricht handelt und die Anmeldung mehr oder weniger auf einer freiwilliger Basis geschieht, wurden bei den Schülern keine Abneigungen, Desinteressen oder Vorurteile dem Fach gegenüber beobachtet.

Die Klasse ist lebhaft, was auf eine sehr schnelle Ablenkungsgefahr hindeutet. Direkte und strukturierte Anweisungen, die Erläuterung des Stundenablaufs und die Festlegung bestimmter Verhaltensregeln ermöglichen in der Klasse eine angenehme Atmosphäre. Durch regelmäßige Phasen- und Methodenwechsel hat sich die Konzentration der SuS erhöht.

Nicht bei allen Unterrichtsthemen ist eine Lernbereitschaft der Klasse feststellbar. Für theoretische Inhalte zeigt der überwiegende Teil der SuS nur eine zufriedenstellende intrinsische Motivation. Dies schlägt sich auch im Arbeitstempo nieder. In der Regel benötigen die SuS zur Erledigung von Arbeitsaufträgen viel Zeit. Durch praxis- und handlungsorientierte Aufgabenstellungen, strikte Zeitvorgaben und stetige Motivation wird versucht dem entgegenzuwirken.

Es gibt einzelne Schüler, die besonders beobachtet und hin und wieder diszipliniert werden müssen. Es handelt sich um ████████████████████. ████ hat schon gewisse Vorkenntnisse im Fach und fühlt sich sehr oft unterfordert. Deshalb wird ihm innerhalb einer Gruppenarbeit öfters die Rolle des Gruppenleiters zugewiesen. Als Gruppenleiter soll er nicht nur eigene Aufgaben erledigen, sondern auch schwächere Schüler unterstützen. Bei differenzierten Aufgaben übernimmt er die anspruchsvollsten Arbeiten. ████ hat größere Kenntnisdefizite, arbeitet meistens unkonzentriert, braucht Aufmerksamkeit und eine regelmäßige Unterstützung während des Unterrichtes. ████ und ████ befinden sich in der Pubertätsphase. In dem zweiten halben Jahr hat ████ eine „Protesthaltung" eingenommen. Er weigert sich, in einer Gruppe zu arbeiten und die gestellten Aufgaben zu erledigen. Der Teenager lernt zu wenig und ist bockig. Jegliche Art von Lehrer-Schüler Kommunikation lehnt er ab. Als wirksame Lösung hat sich eine Abgrenzung von den SuS (████ sitzt jetzt alleine) und individuelle

Aufgaben (er entscheidet selbst, was sein Auftrag zum aktuellen Thema wird), erwiesen. ▓▓▓▓▓ ist leichter einzuschätzen. Rechtzeitige Zuweisung und Erinnerung an persönliche Lehrer-Schüler Vereinbarungen reichen ihm für die weitere konzentrierte Arbeit aus.

Das Anwendungsprogramm PowerPoint ist ein neues Arbeitsfeld für SuS des Kurses. Vor vier Unterrichtsstunden wurde mit diesem Programm das erste Mal gearbeitet. Inzwischen hat der Kurs die Funktionen und Anwendungsfenster von PowerPoint kennengelernt. Es wurden Parallelen zwischen den Befehlen in Power-Point und Word hergestellt und besprochen. Die SuS können jetzt Folien mit drei verschiedenen Layouts (Titelfolie, Textfolie und Folie mit einer Tabelle) erstellen. Um das Thema nicht nur auf eine reines „Bedienungsniveau" zu begrenzen, haben die SuS in der letzten Stunde mit Recherchen über Afrika angefangen und erste eigene Texte in die Folien eingegeben. Bei der selbständigen Bearbeitung von Aufträgen lernt die Gruppe sehr langsam und neigt zur Oberflächlichkeit. Aus diesem Grund wird in dieser Klasse viel mit unterschiedlichen handlungsorientierten Methoden experimentiert, um eine optimale Problemlösung zu finden.

Nach dem letzten UB wurde festgestellt, dass sich das SuS-Verhalten total anderes als im regulären Unterricht entwickelt. Der Besuch hat die SuS in eine Prüfungssituation versetzt, daher haben sich die meisten SuS sehr still und inaktiv verhalten. Nur durch ständige Lehrermotivation und gezielten Anweisungen konnte die Gruppe die gestellten Aufgaben bewältigen.

1.2 Ausstattung des Raumes

Der Raum ▓▓▓ ist mit 28 PC-Arbeitsplätzen ausgestattet, die auf 5 Tischreihen verteilt sind. Der Raum ist groß und hell. Die Ausstattung und Tischordnung ermöglichen einen freien Zugang zu jedem Schüler. Smart Bord, Beamer und Whiteboard-Tafel vervollständigen die moderne Ausstattung des Raumes. Auf den Computern ist das Betriebssystem Windows XP mit den dazugehörigen Anwendungsprogrammen installiert. Die Whiteboard-Tafeln haben eine sehr ungünstige Platzierung und werden nur noch bei bestimmten Unterrichtsmethoden eingesetzt.

2 Sachanalyse[1]

Um Objekten auf der Folie optische sowie eventuell akustische Effekte zuzuweisen, stehen in PowerPoint unterschiedliche Animationen zur Verfügung.

Für den Wechsel von einer Folie zur nächsten kann man in PowerPoint Übergangseffekte festlegen. Hierfür steht uns der Aufgabenbereich FOLIENÜBERGANG zur Verfü-

---

[1] PowerPoint 2003, Herdt Verlag

gung. Er lässt sich einblenden, indem wir den Menüpunkt
BILDSCHIRMPRÄSENTATION – FOLIENÜBERGANG aufrufen oder in der Foliensortierungsansicht die SCHALTFLÄCHE ÜBERGANG betätigen.

Im Register FOLIEN und in der Foliensortierungsansicht werden die Folien, denen ein
Übergangseffekt zugewiesen wird, mit dem Symbol ✰ gekennzeichnet.
PowerPoint ermöglicht es, jeden einzelnen Bestandteil eines Folienübergangs zu än-
dern bzw. zu entfernen, ohne dabei die übrigen Übergangseffekte zu beeinflussen.

Nicht nur der Wechsel von einer Folie zur nächsten, sondern auch einzelne Folienele-
mente lassen sich mit Effekten versehen. Animationen lassen sich am besten einfügen,
wenn die Präsentation bereits alle gewünschten Inhalte in der vorgesehenen Form
enthält. Dabei kann man zum einen so genannte ANIMATIONSSCHEMAS einsetzen,
die aus unterschiedlichen Kombinationen von Effekten für den Folienübergang, den
Folientitel und gegebenenfalls den Aufzählungstext bestehen. Zum anderen lassen
sich aber auch mithilfe von benutzerdefinierten Animationen einzelnen Folienelemen-
ten Effekte zuweisen. Individuelle Animationen lassen sich über den Aufgabenbereich
BENUTZERDEFINIERTE ANIMATION erstellen. Hier werden folgende Punkte behandelt:

- Animation zuweisen
- Unteranimationen ein- und ausblenden
- Animationen markieren und bearbeiten
- die Geschwindigkeit einer Animation ändern
- Eigenschaften von Animationen verändern
- Animation mit akustischen Effekten (Sound) versehen
- den Animationsstart bestimmen
- Animationspfade verwenden
- Grafiken, Diagramme und Organigramme animieren.

3   Didaktische Überlegungen

Das Thema der Unterrichtseinheit „Anwendungsprogramm PowerPoint" ist die Empfeh-
lung eines didaktischen Informatikforums in Weilburg. Dieses Thema wurde auch vor
kurzem in das interne Curriculum der Schule aufgenommen. Für die Arbeit mit dem
Programm sind acht Doppelstunden vorgesehen. Für das Thema „Vervollständigen
einer Präsentation durch Folienübergänge und Effekte" sind zwei Stunden geplant.

In der Regel wird der Wahlpflichtkurs Informatik an der Merianschule jedes Jahr neu
gewählt. Somit setzt sich die Lerngruppe jedes Jahr aus unterschiedlichen Schülern
zusammen. Diese Tatsache erschwerte die Stoffverteilung über mehrere Jahre hinaus.
Dieser Kurs bekommt die Möglichkeit, den Informatikunterricht zwei Jahre durchgängig

zu besuchen, was die Unterrichtsplanung und Durchführung erleichtert. Aufgrund des Beschlusses der letzten Informatik-Fachkonferenz wird das PowerPoint-Programm nur in der achten Klasse in einer Grundlagenform durchgenommen. In der neunten und zehnten Klasse werden die SuS das Programm für Referate und die Abschlussprüfungen einsetzen. Die Tatsache, dass die SuS dieses Kurses für das Fach zwei Jahre zur Verfügung haben, und das Thema „Programmierung in Scratch" schon mit einer Projektpräsentation abgeschlossen wurde, hat mich bewegt, diese Unterrichtseinheit schon in diesem Schuljahr durchzuführen.

Referate und Projektprüfungen gehören schon seit Langem zum schulischen Methoden-Repertoire. Sie bieten eine Möglichkeit des selbständigen Lernens und der Präsentation von Ergebnissen. Der Vortrag von Referaten und Projektprüfungen erfolgt häufig mithilfe von Beamer, Laptop und PowerPoint. Der Einzug digitaler Medien in die Klassenzimmer bietet den SuS vielfältige neue Chancen. Sie müssen lernen, die neuen Medien optimal für ihre Zwecke einzusetzen. In diesem Sinne soll diese Unterrichtseinheit SuS befähigen, ein Referat zu halten und dabei die Funktionen die PowerPoint bietet, optimal zu nutzen.

Um Aufmerksamkeit zu erregen und Neugier zu wecken, braucht eine Präsentation Effekte. PowerPoint bietet zu diesem Zweck folgende Möglichkeiten: Folienübergänge, Animationsschemas und benutzerdefinierte Animationen von: Texten, Grafiken, Diagrammen, Organigrammen und Zeichnungsobjekten. Aufgrund der zweistündigen Zeitbegrenzung wird die Priorität auf Text- und Grafikanimationen gesetzt.

Animationsschemas beinhalten eine Kombination von schon vorgefertigten Animationseffekten, fördern aber nicht die selbstständige, individuelle und kreative Gestaltung. Die Verwendung von solchen Schemas kann bei Bedarf eigenständig erlernt werden. Deshalb wird dieser Teil aus dem Lerninhalt ausgeschlossen.

Um die SuS mit Informationen nicht zu überfordern, wird die erste Stunde mit folgenden Themen belegt: Hintergrundfarben, Folienübergänge und benutzerdefinierte Textanimation.

Begründung:

Die Gestaltung von Folienübergängen ist leicht zu realisieren und führt deshalb in wenigen Schritten zum gewünschten Ergebnis. Die SuS werden kurz nach Unterrichtsanfang ein erstes Erfolgserlebnis haben.

Die Texte sind Grundlage jeder Präsentation. Mit der Verwendung von Textanimationen wird die Bildschirmpräsentation bereichert. So kann man zum Beispiel festlegen, dass die einzelnen Textzeilen erst dann zu sehen sind, wenn in einem Vortrag darauf eingegangen wird. Damit konzentriert sich das Auditorium auf den Vortrag und wird nicht durch zusätzlichen Text abgelenkt.

In der darauf folgenden Stunde wird das Thema durch die Vorstellung verschiedener Möglichkeiten zur Textanimation und zur Animation von Grafiken, Diagrammen und Organigrammen vertieft.

Im Unterricht wird viel mit Fachbegriffen und Texten gearbeitet. Die Aufgabenstellungen müssen gelesen, die Texte in die Folien eingetippt werden. Durch diese Vorgehensweise festigen die SuS ihre Deutschkenntnisse und erweitern ihren Wortschatz.

Das Beherrschen von PowerPoint, ist eine zusätzliche Chance für Ausbildungsberufe wie Bürokaufmann/frau, Industriekaufmann/frau und unterschiedliche Assistenzberufe.

Das Thema ist auch im Alltagsleben der Schüler relevant, z. B. bei einem Referat, einer Projektprüfung oder Präsentation von Klassenfahrten und Ausflügen.

4 Einbettung der Stunde in die Unterrichtseinheit „PowerPoint"

Std.	Thema	Kompetenzen: Die SuS lernen…
1 - 2	Was ist PowerPoint? Die Arbeitsoberfläche Grundlagen zum Arbeiten mit Präsentationen	- PowerPoint zu starten und zu beenden - Menü und Dialogfenster zu bedienen - Folien zu erzeugen - Textplatzhalter zu füllen - die Seiten zu formatieren - Präsentationen zu speichern, zu schließen und zu drucken
3 - 4	Grundlegende Textgestaltung	- mit Platzhaltern zu arbeiten - Besonderheiten bei der Texteingabe zu berücksichtigen - mit Gliederungen zu arbeiten - die Texte aus dem Internet in PowerPoint zu übernehmen - Formatierungsregeln zu beachten
5 - 6	Bildschirmpräsentationen	- Bildschirmpräsentationen zu steuern - Bildschirmpräsentationen mit Folienübergängen zu gestalten - Animationen einzusetzen - Entwurfsvorlagen zuzuweisen
7 - 8	Mit verschiedenen Folienarten arbeiten.	- Diagramme, Organigramme, ClipArt's und Filme einzufügen und zu bearbeiten
9 - 10	Ansichten in PowerPoint effektiv nutzen Folien und Begleitmaterial	- mit Registern in der Normalansicht zu arbeiten - die Folien und Foliensortierungsansicht zu bearbeiten - Begleitmaterial zu erstellen

Std.	Thema	Kompetenzen: Die SuS lernen…
11 - 12	Zeichenobjekte erzeugen und gestalten	- Zeichenobjekte zu erzeugen und zu gestalten - Objekte zu platzieren und auszurichten
13 - 14	Präsentationen verwalten, gestalten und präsentieren	- Präsentationen durch weitere Folien zu ergänzen - ein Inhaltsverzeichnis einzubauen - zu testen, ob eine Präsentation in Ordnung ist - verschiedene Präsentationen zusammenzuführen - Vorträge zu halten
15 – 16	Klassenarbeit	

5 Methodische Überlegungen

5.1 Einstieg

Die Unterrichtsstunde beginnt mit der Begrüßung der SuS. Das Ritual des Aufstehens und die Begrüßung des Lehrers ist in der ganzen Merianschule üblich. Es soll die SuS nach der Pause beruhigen und auf den Unterricht einstellen. Der Ablauf der Stunde wird von der Lehrerin an der Tafel dargestellt, damit die Schülerinnen und Schüler über den Verlauf der Stunde informiert sind.

Um die SuS zu motivieren, wird eine PowerPoint Präsentation mit eingebauten Folienübergängen und unterschiedlichen Animationseffekten abgespielt. Um die Aufmerksamkeit auf die Effekte zu lenken, wurde eine Präsentation mit mehreren Bildern und wenig Text erstellt. Nach Abspielen der Präsentation wird zusammen mit den SuS das Thema definiert.

5.2 Erarbeitungsphase

Die Erarbeitungsphase erfolgt in vier Knobelteams. Diese Methode wurde vor kurzem in der Klasse eingeführt, deshalb ist eine Gruppenverteilung und Regelbesprechung in der heutigen Stunde nicht notwendig. Die Gruppen wurden nach Leistungsstand von mir gebildet. In jeder Gruppe gibt es einen schwachen Schüler, der bei Schwierigkeiten eine Unterstützung durch die Gruppe bekommen kann. Die SuS bearbeiten in einer Kleingruppe (je vier Personen) eine gemeinsame Problemstellung. In diesem Fall ist das eine Präsentation über Afrika, die in der vorherigen Stunde von den SuS erstellt wurde. Das Präsentationsthema „Afrika" wurde aus aktuellem Bezug zur Fußballweltmeisterschaft gewählt, um die Schüler zusätzlich zu motivieren und ihnen die Möglichkeit zu geben, ihr Wissen über den Kontinent Afrika auch über die WM hinaus zu erweitern.

Die Lehrerin stellt die Aufgabe und verteilt an die einzelnen Gruppenmitglieder die verschiedenen Bedingungen, die die Lösung erfüllen soll[2]. Die Aufgabenstellung ist für jede Gruppe gleich, allerdings erfährt jedes Gruppenmitglied nur einige und jeweils andere Animationsmöglichkeiten. Diese Aufgaben sind von der Lehrerin innerhalb der Gruppe nach Schwierigkeitsgrad verteilt worden. Die innere Differenzierung ist deshalb hier wichtig, da sich die einzelnen Aufgabenstellungen in ihrer Komplexität unterscheiden. Starke Schüler werden somit vor eine etwas größere Herausforderung gestellt.

Die SuS, welche die Einzelarbeit vorzeitig erledigt haben, erhalten eine Zusatzaufgabe. Diese Aufgabe verlangt eine schriftliche Reflexion des Erlernten. Des Weiteren ist die Reflexion auch ein wichtiges Mittel zum Zweck der Überprüfung und Kontrolle des Lernprozesses.

Nachdem jedes einzelne Gruppenmitglied das Arbeitsblatt durchgearbeitet hat, wird die Lösung gemeinsam an einem Computer in der Gruppe erarbeitet. Hier muss jedes Gruppenmitglied seine vorher erworbenen Kompetenzen einbringen, um gemeinsam zu einer Lösung zu kommen. Dabei wird darauf geachtet, dass bei der Aufgabe alle Bedingungen erfüllt sind. Über diese Bedingungen kann man zwar sprechen, aber man darf das Arbeitsblatt nicht vorzeigen. Die Bedingungen bleiben so zwar nicht geheim, allerdings ist jeweils ein Schüler für die Einhaltung einer Bedingung besonders verantwortlich. Die Zuteilung individueller Aufgaben und damit individueller Verantwortlichkeiten hat das Ziel, dass alle SuS in der Gruppenarbeit aktiv sind und einen Beitrag leisten. Damit trägt die Methode u. a. zur Steigerung der Teamfähigkeit bei. Die SuS werden gezielt angeregt zu argumentieren und zu begründen.

5.3   Ergebnissicherung

Die SuS, die die Aufgabe richtig und schnell erledigen, präsentieren die Ergebnisse an der Tafel. An dieser Stelle lernen die SuS individuell und schriftlich ihre Vermutungen zu begründen und darzustellen. Der Rest der Klasse erhält damit Vergleichsmöglichkeiten bezüglich ihrer eigenen Ergebnisse, gleichzeitig werden von ihnen Aufmerksamkeit und Konzentration gefordert.

Die Präsentation als Ergebnissicherungsmethode muss in dieser Gruppe noch geübt werden. Misslungene Präsentationen werden von den Präsentierenden als Blamage empfunden. Das kann es zur Minderung des Selbstvertrauens und zu einer Steigerung von Ängsten führen. Deshalb erhalten die SuS für die Präsentation eine Hilfestellung in Form eines Fragenkataloges. Die Fragen sind nicht nur auf die Aufgaben der Stunde, sondern auch auf einige Präsentationsregeln gerichtet. Außerdem ist die Lehrerin je-

---

[2] Barzel, B., Büchter, A., Leuders, T., Mathematik Methodik, Handbuch für die Sekundarstufe I und II.

derzeit bereit, in den Ablauf einer Präsentation einzugreifen und den SuS eine Hilfe anzubieten.

Bei Zeitmangel wird die Kontrolle auf die zweite Doppelstunde verschoben. In dieser Stunde wird außerdem eine weitere Aufgabe gestellt, bei der alle zum Thema zugehörigen Punkte wiederholt und erweitert werden.

Es ist der Lehrerin bewusst, dass die „Zuschauer" Präsentationen anderer Gruppen oft nicht intensiv genug zur Kenntnis nehmen. Deshalb wird die jeweilige Präsentation auf alle Schülerbildschirme übertragen, um möglichst wenig Ablenkungsmöglichkeiten zu bieten.

Am Ende der zweiten Stunde ist auch eine Feedback-Runde mit der „Hand" (Fingermethode) geplant. Das ist eine einfache und rasche Form der Erhebung von Aussagen zu einzelnen Aspekten des Unterrichtes. Eine Doppelstunde bietet die zeitliche Möglichkeit, nach dem Unterricht eine kurze Abfrage zur Bewertung des Unterrichtes durchzuführen. Da das Unterrichtsfach in der Realschule relativ neu ist, kann dieser Vorgang sehr wichtig für die Unterrichtsplanung der zukünftigen Stunden sein.

5.4 Hausaufgaben

Hausaufgaben bieten eine gute Gelegenheit für zeitlich selbstorganisiertes Arbeiten. Die Übungsaufgaben sind klar an die im Unterricht behandelten Begriffe und Verfahren angeknüpft und dienen zur Vertiefung und Wiederholung des Themas.

Im Anschluss der WPU-Stunde (*zweite Stunde)* werden die HA den SuS mitgeteilt und wenn nötig Fragen geklärt. Außerdem erhalten die Schüler per E-Mail alle Informations- und Arbeitsblätter des Unterrichtes.

6 Lernziele

1. Am Ende der Stunde sind die SuS in der Lage folgende drei Animationseffekte auszuführen:
   ⇒ benutzerdefinierte Animationen festzulegen
   ⇒ Folienhintergründe zuzuweisen
   ⇒ Folienübergänge zu gestalten.

2. Die SuS können im Rahmen von Gruppenarbeit die gemeinsame Aufgabenstellung kooperativ bewältigen.

7 Geplanter Unterrichtsverlauf

Unter-richts-Phase	Unterrichtsinhalte	Sozial- und Aktionsfor-men	Medien und Arbeitsmittel
Einstieg 8 Min	• Begrüßung, Unterrichtsverlauf • An der Tafel wird eine PowerPoint-Präsentation gezeigt, die SuS sollen herausfinden, was zum Thema Neues dazu gekommen ist	Lehrervortrag	Moderationskar-ten
Erarbeitung und An-wendung 20 Min	• Die Arbeitsblätter werden verteilt • Die SuS arbeiten zuerst einzeln, dann wenden sie die erworbenen Kenntnisse an einem Computer (Präsentation vom letzten Unterricht) gemeinsam an	Impuls, Einzelarbeit, Gruppenar-beit.	PC, Beamer, PP-Präsentation: *Afrika.ppt.* Arbeitsblätter
Ergebnis-sicherung 15 Min	• Die schnellste Gruppe präsentiert das Ergebnis. Das Ergebnis wird diskutiert	Schülervor-trag, Plenum	Lehrer-PC
HA 2 Min	Informationsblätter und Aufgabenblatt werden per Mail an die Klasse versandt, die Aufgabe kurz an der Tafel angezeigt und erklärt.	Lehrer	SmartBoard

8 Literatur

Barzel, B., Büchter, A., Leuders, T., Mathematik Methodik, Handbuch für die Sekundarstufe I und II, Cornelsen Verlag Scriptor GmbH & Co. KG, Berlin, 2007

Mattes, W., Methoden für den Unterricht, Schöningh Verlag im Westermann Schulbuchverlag GmbH, 2002

Meyer, H., Unterrichts-Methoden, II: Praxisband, Cornelsen Verlag Scriptor GmbH & Co. KG, Berlin, 1987

Huschitt, H., Klassen geben Feedback, Lernende Schule 30/31, 2005

Wegener, T., Microsoft PowerPoint 2003 für Windows, Grundlagen, Herdt Verlag 2006

Von Braunschweig, Sch., Wies, P., Microsoft PowerPoint 2003 für Windows, Fortgeschrittene Anwendungen, Herdt Verlag 2006

Reiser, A., MS Office XP, PowerPoint 2002 Einführung, © Copyright 2001 by New Horizons Computer Learning Center